Crises

© François Bourin Éditeur, 2013
10, rue d'Uzès 75002 Paris
www.bourin-editeur.fr

Philippe Chalmin

Crises

1929, 1974, 2008
Histoire et espérances

FRANÇOIS BOURIN ÉDITEUR

« Par ta sagesse et ton intelligence tu as fait fortune, tu as accumulé l'or et l'argent dans tes trésors. Par ton génie du commerce, tu as multiplié ta fortune et à cause de cette fortune ton cœur s'est exalté. C'est pourquoi parce que tu prends tes pensées pour des pensées divines, je fais venir contre toi des barbares [...] Sous la main de ceux qui te transperceront, tu seras un homme et non un dieu. »

Ézéchiel – 28, 4-9

(Le Seigneur envoie son prophète parler au prince de Tyr, la grande cité marchande de Phénicie, une sorte de Wall Street de l'époque.)

2012 a été une année particulièrement morose tant du point de vue économique que social, et 2013 ne s'annonce guère mieux. L'Europe est en récession et alors que la construction européenne est ébranlée de toute part, de puissantes forces centrifuges la tiraillent que ce soit à l'intérieur de la zone euro ou au sein même de certains États, de la Catalogne à l'Écosse en passant par la Flandre. Les États-Unis ne sont guère en meilleure forme : le chômage y demeure élevé alors que les déficits sont abyssaux et que des scandales bancaires ne cessent d'agiter les eaux troubles de Wall Street. Quant au Japon, il ne peut guère faire illusion malgré la dynamique asiatique qui l'entoure. En Asie justement, le principal moteur de la croissance économique mondiale, la Chine, est en proie au doute : sa croissance ralentit, les transitions politiques se font difficiles et une impression diffuse de fin de « l'âge d'or » commence à se répandre. Quant aux autres pays «émergents» à l'image de l'Afrique du Sud ou du Brésil, ils vivent des réveils parfois douloureux.

Certes la croissance économique mondiale autour de 3 % demeure forte à l'aune de la longue période historique. Mais dans la plupart des pays «avancés» (ce que l'on appelle désormais le «vieux monde», celui qui a fait sa fortune au XIXe et au XXe siècle), les déficits publics s'accumulent, l'endettement est massif et le chômage prégnant. En Amérique comme en Europe, les politiques font assaut d'impuissance, hésitant entre relance et rigueur alors que les économistes contemplent leurs boîtes à outils sans parvenir à y trouver quelque clef miracle, que celle-ci soit «keynésienne» ou «libérale».

La réalité est pourtant simple à comprendre. Le monde est toujours au cœur d'une crise majeure qui a commencé en 2007 et qui n'est toujours pas terminée. On a trop facilement circonscrit la crise à la tourmente financière du second semestre de 2008 et des premiers mois de 2009. À l'époque, l'intervention des États et des banques centrales avait permis d'éviter la grande catastrophe que craignaient les plus pessimistes. Sur la plupart des graphiques, qu'il s'agisse de ceux de la croissance économique, des cotations des Bourses de valeurs ou des prix des matières premières, la période 2008-2009 apparaît comme une sorte de hoquet, marqué par une chute brutale, le point le plus bas se situant autour du premier trimestre 2009, et suivi d'une reprise remarquable ayant effacé au printemps 2010 pratiquement tout le terrain perdu. Et en vérité, à relire les analyses de l'époque, on avait bien l'impression qu'en 2010 déjà, la crise de 2008 était terminée. Les politiques se congratulaient alors sur leur fermeté dans la tempête, sur leur capacité à relancer leurs économies ; les gouverneurs des banques centrales, qui n'avaient cessé de diminuer leurs taux, apparaissaient comme de véritables sauveurs et l'on se souvenait que Ben Bernanke, le patron de la Fed, avait consacré sa thèse à la crise de 1929 ! Il avait donc tout compris. Les banquiers enfin avaient déjà oublié leur humiliation de l'automne 2008 et à nouveau les bonus flambaient sur les parquets des salles de trading. Un peu plus violente que les précédentes (la crise asiatique de 1997, la récession de 2001), la crise de 2008 n'était qu'un accident mécanique, en aucune manière une sortie de route.

Mais trois ans plus tard, la crise est toujours là, plus grave même puisque l'économie mondiale commence à payer les intérêts de tous les plans de relance, de tous les déficits qui nous ont donné l'illusion de la prospérité entre 2009 et 2011. Le monde – et surtout les pays avancés – se trouve toujours au cœur de la crise la plus profonde qu'il ait connue depuis les années 1970. Ce qui passera à la postérité et dans les manuels d'histoire comme la «crise de 2008» n'est pas terminé. L'historien peut déjà en raconter les prémices (le retournement du marché immobilier américain en 2005, les craquements des premiers fonds en 2007, l'entrée en récession de l'économie américaine en décembre 2007), mais il ne peut en déterminer la fin. La crise de 2008 dure encore!

C'est que ce mot de crise ne peut être galvaudé et, lorsqu'on l'utilise, il ne peut être circonscrit au seul champ économique. La crise n'est pas un simple moment de tension, elle est un révélateur de maux plus profonds. Faisons grâce à nos lecteurs de ses étymologies, qu'elles soient grecques (décision, jugement) ou chinoises (opportunité). Retenons cette définition donnée par un dictionnaire économique de la fin du XIXe siècle, période fertile en crises violentes et brèves: «L'explosion aiguë d'un état morbide antérieur.» En ce sens, 2008 a été marquée par une explosion aiguë, par une de ces crises que connaissent bien les asthmatiques et qui les étouffent au cœur de la nuit. Mais une fois la crise calmée, la maladie demeure. La tension économique peut être surmontée temporairement à coup d'euphorisants, la convalescence n'en reste pas moins lointaine.

La Crise (avec un C majuscule), au-delà de l'économie et de la finance, se lit aussi au cœur des sociétés ; elle peut être une crise morale, une crise du sens pour les hommes et les femmes qui la vivent ou qui en subissent les conséquences ; elle est le signe de déséquilibres qui se situent aussi bien au niveau de la planète que des plus petites communautés humaines. La crise peut se lire dans les courbes et les graphiques des marchés mondiaux, mais c'est là le plus facile. Il faut aussi la lire dans le cœur des hommes.

De ce point de vue, l'historien du monde contemporain peut retenir trois crises majeures : 1929, 1974 et donc 2008 si nous prenons l'habitude de les nommer moins en fonction de leur année de déclenchement (1929) que de la prise de conscience de leur ampleur (1974). 2008 serait ainsi la troisième grande crise ayant affecté la planète depuis la première mondialisation de la fin du XIXe siècle. Certes le monde a connu bien d'autres hoquets boursiers, des périodes de récession, des guerres et des révolutions. Mais ces trois grandes crises relèvent d'une autre logique, évidente pour 1929 et 1974, à définir encore pour 2008 : une rupture, une accumulation de déséquilibres, la remise en cause de modèles, la recherche de nouveaux objectifs. À chaque fois, la sortie de crise a été longue et difficile, souvent à l'origine de conflits dans d'autres domaines. En cela, l'analyse de 1929 et de 1974 peut être éclairante alors qu'économistes et dirigeants politiques sont désespérément à la recherche de recettes et de solutions pour mettre un terme à la crise de 2008.

Il y a plusieurs manières en effet de lire l'histoire du XXᵉ siècle. L'histoire classique se fonde sur l'enchaînement des conflits idéologiques et militaires : les deux conflits mondiaux, la guerre froide, la parenthèse communiste, le choc des civilisations... Mais le XXᵉ siècle est surtout marqué par la montée en puissance de la dimension économique des relations humaines et politiques : le primat de l'économique s'impose peu à peu sur le politique au point d'avoir représenté l'essentiel des débats électoraux de 2012 aux États-Unis ou en France. Or la lecture « économique » du XXᵉ siècle s'ordonne autour de ces deux respirations majeures que furent 1929 et 1974 dans une sorte de continuité évènementielle dans laquelle s'inscrivent guerres et conflits. Et de ce point de vue, 2008 – qui dans une certaine mesure clôt le XXᵉ siècle – sera probablement à l'origine de ruptures beaucoup plus profondes que nous ne l'imaginons aujourd'hui.

Mais nous n'en sommes pas là et nous proposons dans un premier temps une brève relecture du déroulement des trois Crises du XXᵉ siècle avant d'en analyser les parallèles et les points communs et d'essayer d'en tirer quelques leçons pour le XXIᵉ siècle qui commence.

CHAPITRE I

1929 ou la grande dépression

Longtemps on parla de la crise de 1929 comme de la « grande crise » et aux États-Unis de la « Dépression », et il est vrai que l'ampleur de cette crise – en termes macroéconomiques – n'a jamais été dépassée : en 1933, le PIB américain ne représentait que 69 % de celui de 1928 ! La crise boursière américaine de l'automne 1929 se transforma rapidement en crise économique des deux côtés de l'Atlantique. Elle perdura durant pratiquement toutes les années 1930 et seule la montée en puissance de l'économie de guerre permit d'en voir la fin.

La crise de 1929 mit un terme à une période passée à la postérité sous le nom d'Années folles ou plus exactement de *roaring twenties* (les années 1920 rugissantes). Ce fut une période relativement courte (1923-1929) d'extrême prosperité aux États-Unis d'abord, en Europe un peu plus tard (à cette époque du point de vue économique et même politique, le reste du monde existait bien peu). Les États-Unis, après une courte crise en 1921-1922 liée à la nécessaire sortie d'une économie de guerre, découvrent pour la première fois les délices de la société de consommation (c'est-à-dire de dépenser plus que ce qui est indispensable à la vie quotidienne) grâce à la production de masse de biens comme l'automobile, le réfrigérateur, le téléphone ou la radio. Avec la radio et le cinéma, de nouveaux moyens de communication débordent le carcan d'une société tentée par l'isolationnisme et la prohibition. Les Années folles surfent sur une prospérité de plus en plus achetée à crédit : c'est le temps de *Gatsby le Magnifique* de Francis Scott Fitzgerald. En ces années, tous ceux qui ont vécu l'enfer de la guerre veulent retrouver les chimères de la « Belle Époque » (la si mal nommée...). En Europe, où les lendemains de la guerre ont été beaucoup plus difficiles, où les réconciliations ont été plus tardives, l'euphorie est la même de Berlin à Paris, au moins à partir de 1925.

Certes, le traité de Versailles a été un immense raté, charcutant les frontières au nom d'un illusoire principe des nationalités et se révélant incapable de trouver une solution équitable à la question des réparations et donc des dettes de guerre. Mais à partir de 1925, les États-Unis, devenus à la faveur de la guerre les créanciers du monde, retrouvent le chemin de l'Europe et notamment de l'Allemagne et de l'Autriche. Les airs de jazz des boîtes de la prohibition peuvent se répandre avec insouciance dans un monde qui veut oublier les tranchées. Pourquoi s'inquiéter d'ailleurs quand les économistes font preuve de la confiance la plus totale en l'avenir ? Comment ne pas citer le célèbre article d'Irving Fisher, un des pontes de la profession, qui estimait encore le 15 octobre 1929 que les cours de Bourse avaient atteint un « plateau en dessous duquel ils ne descendront plus » (« *stocks have reached what looks like a permanently high plateau* »). Le devenir de cette prophétie vaudra à son auteur de passer à la postérité, ce qui est un peu injuste tant il reflétait à l'époque un sentiment universellement répandu.

Aux États-Unis, la fin des années 1920 fut marquée au coin de l'euphorie la plus totale, notamment sur les marchés boursiers. L'argent facile semblait couler à flots ; c'est ce que reflétaient les statistiques mettant en évidence une augmentation considérable des inégalités de revenus, c'est-à-dire de l'écart entre les plus riches – toujours plus riches, sans oublier les « nouveaux riches » – et les plus pauvres, qui demeuraient exclus de la prospérité, à l'image des ouvriers agricoles et des populations noires du Sud. Alors que les États-Unis comptaient 65 millionnaires (en revenus en dollars) en 1919, leur nombre était passé à 513 en 1929. Le contraste était total entre le puritanisme affiché par ce pays qui avait interdit la consommation d'alcool et qui se refermait sur lui-même et l'insouciance des milieux économiques, financiers et même politiques. Élu en 1928 à la présidence des États-Unis, Herbert Hoover, qui pourtant avait présidé les secours américains en Europe après la guerre, puis organisé une conférence sur le chômage en 1921, put en toute bonne foi déclarer à la fin de 1928 que « nous all[i]ons bientôt – avec l'aide de Dieu – connaître le jour où la pauvreté aura[it] disparu du pays », puis quelques mois après le krach boursier, que la « prospérité était au coin de la rue », un autre de ces mots malheureux qui le condamnèrent pour le reste de son existence.

Tout commença donc par un krach boursier en octobre 1929 (le 24 octobre, le célèbre jeudi noir). À la fin de l'année, le marché avait perdu 35 % de sa valeur ; en juin 1933, les cours boursiers américains étaient inférieurs de 85 % à ceux de septembre 1929. La crise fut donc une dépression. Le recul économique, le cortège des faillites, la généralisation du chômage (25 % de la population active en 1933) et de la misère en un temps où l'État providence n'existait guère furent sans précédent et marquèrent profondément la société américaine. Le grand roman de Steinbeck, *Les Raisins de la colère*, est probablement la meilleure description de la désespérance qui sévissait à la fois dans les campagnes et dans les villes.

Des États-Unis, la crise passa en Europe avec les faillites bancaires provoquées par le retrait brutal des capitaux américains. Le chaos monétaire aggrava encore la situation. D'Autriche et d'Allemagne, la crise s'étendit rapidement à toute l'Europe avec toutefois un temps de retard pour la France, qui ne fut véritablement touchée qu'à partir de 1933.

Éclatement des bulles boursières, crise agricole puis industrielle, la dépression de 1929 se trouva amplifiée par les politiques initialement suivies par les gouvernements. Paradoxalement, aux États-Unis, Hoover prit des mesures allant dans le bon sens, mais d'une ampleur trop limitée : les premiers « grands travaux » (le célèbre Hoover Dam, le plus grand barrage de l'époque), l'engagement des grandes entreprises de ne pas diminuer les salaires... Mais il fut malheureusement vite dépassé. Il demeurait encore prisonnier du dogme de l'orthodoxie budgétaire : en juin 1932, les États-Unis connurent leur plus forte augmentation d'impôts en temps de paix (et on faillit même créer la première *sales tax*, ancêtre de la TVA !). En Europe, ce fut bien pire avec les politiques ouvertement déflationnistes menées par Brüning en Allemagne, Laval en France (qui, en juin 1935, baisse les prix, salaires et pensions de 10 %), et MacDonald au Royaume-Uni. Pour tenir les équilibres budgétaires, on diminua partout salaires, pensions et retraites provoquant ainsi un véritable étranglement économique. Partout aussi l'heure était à la fermeture des frontières et au protectionnisme. Les États-Unis ouvrirent le feu dès 1930, bientôt suivis par le Royaume-Uni (avec sa Préférence Impériale) en 1932 et toute l'Europe au fur et à mesure que s'installaient au pouvoir des régimes nationalistes.

L'une des conséquences de la crise de 1929 fut en effet de contribuer à balayer dans nombre de pays les systèmes démocratiques au profit de nouvelles idéologies, qu'il s'agisse du fascisme italien – arrivé au pouvoir dans les années 1920 mais apparaissant alors comme un véritable modèle –, du communisme soviétique ou du national-socialisme allemand. L'échec économique symbolisé par la crise laissa le champ libre à des utopies fondatrices qui souvent s'affrontèrent brutalement, que ce soit dans les rues allemandes en 1932 ou au cours de la guerre d'Espagne de 1936.

Sur un plan pratique, après une longue période de flottement des politiques publiques et devant l'échec des doctrines libérales, on assista un peu partout pour la première fois depuis la fin du XVIIIᵉ siècle à une intervention massive des États dans l'économie. La plus célèbre fut le New Deal de Roosevelt aux États-Unis.

Roosevelt n'avait pas lu Keynes et d'ailleurs, comme la plupart des hommes politiques de son époque, il avait peu d'inclination pour l'économie (Hoover était en ce domaine une exception). En 1932, il avait fait campagne sur le thème du retour aux équilibres budgétaires et avait critiqué les dépenses de l'administration républicaine. Élu en novembre 1932, il ne commença son mandat que le 4 mars 1933, au moment même où l'économie américaine atteignait son point le plus bas, où le chômage était le plus élevé et où le déficit fédéral était proche de 5 % du PIB. Avec lui arriva à Washington toute une génération de jeunes diplômés des meilleures universités qui formèrent ce que l'on appela vite le « Brain Trust ». La force de Roosevelt fut sa capacité à agir vite et fort et ses premiers « cent jours » sont aujourd'hui devenus une référence pour tout nouveau gouvernement de par le monde. En trois mois, la nouvelle administration s'attaqua aux problèmes bancaires, mit sur pied une politique agricole, relança les grands travaux, initia une politique industrielle, chercha par tous les moyens à occuper les chômeurs. Pour la première fois en temps de paix et en dehors des choix communistes ou fascistes, un État montait en première ligne dans la gestion des questions économiques et sociales. Avec le recul du temps, on doit admettre cependant que ce premier New Deal resta fort modeste en bien des domaines, notamment sur le plan industriel et social. On en retiendra surtout le sauvetage des banques et la séparation des métiers bancaires et financiers d'une part (le célèbre Glass-Steagall Act du 21 juin 1933), puis la création d'une agence de régulation des marchés – la SEC – en 1934 et la mise en place d'une politique agricole garantissant les revenus des producteurs (l'Agriculture Adjustment Act du 12 mai 1933) d'autre part. On était bien loin de quelque État Providence que ce soit et le premier Social Security Act de 1935 restait encore bien prudent et, en ne couvrant ni le monde agricole ni celui des employés de maison (les domestiques), il excluait de toute protection l'essentiel de la population noire. Roosevelt lui-même était-il convaincu de sa politique ? Rien n'est moins certain. Un peu plus tard, sa volonté de réduire les dépenses publiques plongea à nouveau les États-Unis dans la récession. Réélu pour son second mandat sur un «ticket» beaucoup plus radical, le *Share our Wealth Plan*, (le programme du partage des richesses), il fut pourtant à l'origine d'un second New Deal correspondant davantage aux aspirations de la population.

Au fond, le New Deal de Roosevelt fut moins une réussite économique qu'un succès politique. Dès les premières semaines de 1933, quelques signes de reprise s'étaient fait jour. Le New Deal permit de les amplifier parce qu'il fut un choc politique, un message de confiance envoyé aux Américains. Pour autant il fut insuffisant pour permettre à l'économie américaine de dépasser son niveau d'avant la crise.

Le PIB américain était revenu en 1937 au niveau de 1929 avant de replonger en 1938. En 1939, les États-Unis comptaient encore 9,4 millions de chômeurs, soit 17,2 % de la population active. On était encore loin de la prospérité des Années folles. Pour cela, il faudra attendre le début des années 1940 et la Seconde Guerre mondiale.

En Europe, les premières réponses à la crise furent classiques et catastrophiques. Les politiques de déflation précipitèrent le chômage et la misère ainsi que la montée des extrêmes. Avant même 1929, le Portugal et l'Italie avaient fait le choix d'économies dirigées dans le cadre de systèmes corporatistes.

Aux yeux de nombre d'observateurs, la politique suivie par Mussolini permit à l'Italie d'éviter le plus gros de la crise tout en se dotant de structures publiques de relance économique à l'image de l'IRI (Institut de reconstruction industrielle), créé en 1933, qui initia une certaine forme de capitalisme public. Le modèle italien inspira la politique suivie en Allemagne par le régime nazi : recherche de l'autosuffisance et de l'autarcie, corporatisme, planification et, très rapidement, économie de guerre. En 1938, celle-ci représentait plus du quart du PIB allemand et la moitié des dépenses publiques.

Touchée la dernière par la crise, la France, après une longue période de « malthusianisme économique » (l'expression est d'Alfred Sauvy), fut aussi la dernière à mettre en œuvre des mesures radicales avec le Front populaire de 1936 : les premières nationalisations, l'Office du blé, puis des mesures sociales comme les premiers congés payés et la semaine de 40 heures.

Dans la deuxième partie des années 1930, alors que la pression de la guerre ne cesse de s'intensifier (et elle commence très tôt en Asie entre le Japon et la Chine), toutes les politiques publiques sont d'une manière ou d'une autre orientées vers un dirigisme de plus en plus marqué, préparant en fait l'entrée en économie de guerre. N'exagérons pas l'influence que put alors avoir Keynes (qui publia sa *Théorie générale* en 1936) : un peu partout il fallut agir dans l'urgence. Face à la misère, il fallait faire quelque chose et ce fut le début de l'État providence, dans les régimes fascistes bien avant les démocraties. Face au désordre bancaire et financier, il fallut assurer un minimum d'ordre et de régulation, voire intervenir directement ou nationaliser. Face aux tensions internationales et devant l'échec des premiers efforts de la « diplomatie économique » (la conférence de Londres de 1933 se conclut sur un constat d'échec), ce fut le chacun-pour-soi et le retour au protectionnisme.

Roosevelt, Mussolini, Hitler, le Front populaire, aucune des réponses qu'ils donnèrent à la crise de 1929 ne fut vraiment satisfaisante. Au contraire même, l'ensemble des mesures prises par les gouvernements américains et européens entre 1930 et 1935 constitue un véritable catalogue à la Prévert d'idées fausses et de mises en œuvre hasardeuses. Mais l'historien a beau jeu de critiquer ! En fait, seules la montée en puissance de l'économie de guerre, puis la guerre elle-même permirent de sortir de la crise. La crise avait alimenté des bataillons de chômeurs et de malheureux prêts à croire aux mirages des idéologies, rendant ainsi possible, dans certains pays, l'arrivée au pouvoir de régimes nationalistes. Ces derniers s'attaquèrent aux absurdités du traité de Versailles et entraînèrent l'Europe vers un nouveau suicide. La crise qui provoqua la guerre finit ainsi par se dissoudre en elle.

CHAPITRE II

1974 ou la grande illusion

Comme 1929, 1974 n'est qu'une année symbolique au cœur d'une longue période de crises et de bouleversements qui occupa pratiquement toutes les années 1970. 1974 fut surtout l'année du retournement économique et de l'entrée du monde occidental en récession, une récession relativement molle dont la responsabilité fut attribuée au premier choc pétrolier. À la différence de 1929, 1974 fut une crise «douce» qui donna aux contemporains la curieuse impression de ne jamais vraiment se terminer au point que le mot «crise» entra dans le vocabulaire courant de toute une génération.

C'est que la «crise de 1974» mit un terme à l'une des périodes les plus extraordinaires de l'histoire économique, notamment pour l'Europe et le Japon, celle que Jean Fourastié baptisa en 1979

« les Trente Glorieuses » : trente années, de 1944 à 1974, de rattrapage économique, de prospérité sociale, d'entrée, comme les États-Unis trente ans plus tôt, dans la société de consommation. Le statisticien Angus Maddison, le plus grand spécialiste mondial de l'histoire économique sur la longue période, parle d'un « âge d'or constitué par une prospérité sans précédent ». Pour l'Europe et le Japon, sortant des décombres et des privations de la guerre, ce furent trente années de croissance presque ininterrompue à l'ombre des États-Unis qui purent offrir au monde occidental (en effet, l'Est et l'Ouest s'opposaient encore) une véritable « pax americana ». Celle-ci fut certes diplomatique et militaire, mais aussi d'ordre monétaire – avec le rôle central du dollar dans le système de Bretton Woods –, agricole – avec des prix garantis aux États-Unis (les *loan rates*) qui devinrent de facto des minima mondiaux –, et bien sûr économique. Les États-Unis eurent l'intelligence de ne pas renouveler l'erreur de Versailles : peut-être, enfin, avait-on lu le pamphlet de Keynes sur les conséquences économiques du traité. Il n'y eut en tout cas ni réparations, ni dettes mais au contraire le plan Marshall et l'aide appropriée à la reconstruction des économies. Plus tard, elle prit la forme d'une aide discrète à la construction européenne, et d'un encouragement à la réconciliation franco-allemande. Alors que le bloc oriental – derrière une URSS sortie victorieuse de la guerre et qui donnait l'impression d'accumuler les prouesses technologiques, du spoutnik à Gagarine – ne cessait de gagner des points auprès des nations nouvellement indépendantes du Tiers Monde, la plupart des pays occidentaux adoptèrent durant les Trente Glorieuses des modèles que l'on pourrait qualifier, d'une expression postérieure, de « social-démocratie de marché » : après la guerre, on nationalisa dans la plupart des pays européens ; partout l'intervention de l'État providence en matière sociale, à l'image du Royaume-Uni dans la foulée du célèbre rapport Beveridge, se fit plus forte. Ce fut l'âge d'or de l'économie mixte avec ses nombreuses variantes, du modèle rhénan à la planification à la française. Les inégalités diminuèrent de manière spectaculaire avec la quasi-disparition du chômage (1,5 % en moyenne en Europe occidentale dans les années 1960) tandis que se généralisait l'accès à la société de consommation et à ses nouveaux symboles, de l'automobile à la télévision. Même aux États-Unis, le thème de la « Nouvelle Frontière » lancé par Kennedy et de la « Grande Société » promu par Johnson eut un impact considérable dans la lutte pour l'égalité raciale et pour les droits civiques. L'économiste Paul Samuelson, prix Nobel et auteur de l'un des grands manuels d'économie de l'époque, pouvait estimer en 1971 que « nous sav[i]ons maintenant comment éviter une récession économique ».

Bien entendu, une telle période de croissance fut à l'origine de changements profonds au sein des sociétés. Les cadres hérités du XIXᵉ siècle commencèrent à craquer dans les années 1960 alors qu'arrivait à l'âge adulte la première génération qui n'avait pas connu les privations de la guerre. Paradoxalement, la première institution qui sut comprendre les besoins de changement provoqués par cette prospérité nouvelle fut l'Église catholique qui, dès 1962 avec le concile de Vatican II, entreprit une vaste opération de remise en cause et de refondation. L'Église sut ainsi anticiper toute la contestation d'une jeunesse à la recherche de nouveaux idéaux qui déferla sur le monde occidental à la fin des années 1960, à l'image du célèbre épisode de Mai 68 en France. Le fameux slogan de l'affiche sortie de l'atelier des Beaux-Arts « Cours camarade, le vieux monde est derrière toi » illustre bien le paradoxe de l'époque : la contestation de la société de consommation par ceux-là mêmes qui n'avaient pas connu autre chose et dont les parents avaient au fond à peine profité. Écoutons le philosophe Jean-Michel Palmier dans l'essai qu'il consacra en 1969 à Herbert Marcuse : « L'année 1968 a été marquée par la révolte mondiale des étudiants, de tous ceux qui vivent en marge de cette société de consommation ou qui s'en excluent volontairement. » Un peu partout ce fut une véritable rupture entre la génération des Trente Glorieuses et leurs enfants : les plus engagés se cherchèrent de nouveaux ou d'anciens gourous, de Mao à Castro ou Marcuse, sans oublier Trotski ni même Lénine. D'autres privilégièrent le retour à la terre et réinventèrent l'écologie en la mariant avec la génération des fleurs, celle des hippies (René Dumont fut en France le premier candidat « vert » à la présidence de la République en 1974). À l'image de l'Église catholique, mais sous la pression de la rue, la plupart des grandes institutions, comme l'Université, durent se remettre en cause.

Et pendant quelques années, les faits donnèrent raison aux contestataires. Les États-Unis, garants du système occidental, s'engagèrent dans l'épuisante guerre du Vietnam. Les déficits budgétaires commencèrent à s'accumuler et avec eux les doutes sur la capacité américaine à maintenir le système de Bretton Woods. Le 15 août 1971, le président Nixon mit un terme à la libre convertibilité du dollar (pour 35 dollars l'once d'or). Le système monétaire international créé à Bretton Woods en 1944 s'effondra et rapidement l'instabilité monétaire devint la règle.

À partir de 1972, de fortes tensions saisirent les marchés mondiaux de matières premières. Leurs prix avaient stagné durant les deux décennies précédentes et les investissements nécessaires n'avaient pas suivi alors que les États ayant accédé à l'indépendance au cours des années 1960 avaient repris le contrôle de leurs matières premières. Presque par hasard, au détour du conflit israélo-arabe (la guerre de Kippour et l'embargo pétrolier du 17 octobre 1973), les pays producteurs de pétrole prirent conscience de leur pouvoir, s'affranchirent du joug des multinationales pétrolières (les « sept sœurs ») et plongèrent le monde dans les affres du premier choc pétrolier en triplant le prix du baril. Dans la foulée du pétrole (qui connut un second choc lors de la révolution iranienne à la fin de la décennie), toutes les matières premières s'enflammèrent, des céréales aux métaux, du sucre au phosphate. La manne des matières premières profita d'abord aux pays du Sud, à un Tiers Monde qui devenait de plus en plus militant dans le contexte des derniers conflits coloniaux et de la guerre du Vietnam. Ainsi, au moment où s'affirmaient l'influence et le pouvoir des « nouveaux riches » pétroliers, le monde contemplait en direct les images des derniers hélicoptères quittant le toit de l'ambassade américaine à Saigon et l'humiliation totale des États-Unis, qui en connaitraient une autre quelques années plus tard à Téhéran.

Sur le plan économique, le choc pétrolier plongea le monde en récession au second semestre de 1974. Les pays de l'OCDE virent la croissance de leur PIB diminuer de 5,7 % à 0,9 % de 1973 à 1974. La production industrielle recula de 13 % en 1974. La récession proprement dite fut relativement courte, mais marqua quand même une rupture profonde dans le modèle de croissance économique qui prévalait jusqu'alors. Ainsi, en Europe, la croissance économique moyenne se trouva réduite de moitié, passant de 4 % à 2 % en rythme annuel. Les Trente Glorieuses étaient bien terminées. Alors que jusque-là, le plein emploi était la norme, on assista un peu partout à la montée – encore modeste – du chômage. Pour l'ensemble des pays de l'OCDE, il passa de 3,7 % en 1973 à 5,5 % en 1975, un niveau jamais atteint depuis 1949. Mais le renforcement de l'État providence permit de rendre cette dégradation encore supportable.

La principale raison, en effet, de la modération de la crise économique fut la qualité des politiques publiques menées alors. On ne commit pas les erreurs déflationnistes de 1930. Au contraire, l'inflation fut discrètement encouragée (9,1 % en moyenne de 1972 à 1983), alors que se renforçait l'interventionnisme des États. Ce fut la voie suivie par Carter aux États-Unis, Wilson au Royaume-Uni, Schmidt en Allemagne, Chirac puis Mauroy en France (entre les deux, Raymond Barre fut plus mesuré). Cette période où l'on fit du « Keynes » fut celle du triomphe de l'Allemagne et du Japon, les deux vaincus de la Seconde Guerre mondiale, désormais cités en exemple pour la cohérence de leur modèle « alpin » ou « rhénan » (l'expression est de Michel Albert).

La poursuite de la stagnation, devenue « stagflation », puis le deuxième choc pétrolier, qui provoqua une nouvelle récession, eurent raison de ce bel optimisme, d'autant plus que la concertation internationale allait d'échec en échec : dans le cadre des Nations unies, les négociations qui devaient conduire à un « nouvel ordre économique international » (NOEI) s'enlisèrent tout comme les efforts pour susciter un nouveau Bretton Woods. Il n'y eut pas de retour brutal au protectionnisme, mais le « round » des négociations du GATT en cours (le *Tokyo Round*) s'éternisa. Seule la construction européenne continua à aller de l'avant.

Commencée depuis au moins 1971 avec la fin du système de Bretton Woods, la crise de 1974 perdura presque partout jusqu'à la fin de la décennie, si ce n'est plus. Ce furent des années de contestations souvent violentes – les « années de plomb » en Italie –, d'effervescence idéologique, pour la dernière fois peut-être dans l'histoire du monde occidental, des années de doute économique marquées par une inflation à deux chiffres, la persistance du chômage (9 % en moyenne dans l'OCDE en 1983) et surtout l'apparition d'un chômage structurel. La sortie de la crise n'intervint que dans le courant des années 1980 grâce à une réorientation des politiques publiques et à un choc technologique.

Si les politiques de relance keynésienne suivies au début de la crise avaient permis de l'adoucir et de la rendre supportable, elles avaient aussi contribué à l'engorgement des États providence nés au lendemain de la guerre. C'est à ce moment-là que la pensée keynésienne, alors dominante, fut peu à peu écartée au profit d'un renouveau libéral dont les principaux représentants, outre les penseurs autrichiens comme Hayek et Schumpeter, furent les économistes de l'école de Chicago autour de Milton Friedman et d'Arthur Laffer. Après s'être fait les dents avec succès au Chili (Pinochet avait renversé Allende en 1973), ils trouvèrent de nouveaux disciples au Royaume-Uni avec Margaret Thatcher, devenue Premier ministre britannique en 1979, puis aux États-Unis, avec Ronald Reagan, élu en 1980. S'appuyant sur les premières recettes du pétrole de la mer du Nord qui commençait à être exploité,

Margaret Thatcher transforma profondément l'économie et la société britanniques en brisant au passage les contre-pouvoirs syndicaux hérités de l'immédiat après-guerre. Elle est à l'origine des premières privatisations de services publics (comme British Telecom en 1984) puis de la grande libéralisation des marchés financiers (le «Big Bang») le 27 octobre 1986. Ronald Reagan fut élu, quant à lui, au plus profond de l'humiliation américaine, tant du point de vue politique (du Vietnam à l'Iran) qu'économique. Lui aussi lança une vague sans précédent de privatisations et de dérégulations. Mais son célèbre slogan «America is back» n'aurait jamais pu se concrétiser aussi rapidement si les États-Unis n'avaient été alors aux premières loges d'un véritable choc technologique, en réalité la troisième révolution industrielle. C'est en effet dans les années 1980 que les technologies de l'information prirent leur envol non seulement grâce à la conception d'ordinateur (le PC) et de logiciels, mais aussi de réseaux de communication.

Contrairement à ce qu'anticipaient de nombreux prospectivistes, les grandes innovations technologiques vinrent non pas des «modèles» allemands ou japonais (eux même en pleine crise identitaire à partir de la fin des années 1980), mais de la rencontre d'inventeurs, d'entrepreneurs et de financiers en

Californie ou dans la région de Boston. En quelques années, dans un environnement libéral, ces nouvelles technologies permirent aux États-Unis d'asseoir à nouveau leur suprématie mondiale et de se relever encore plus rapidement après le krach boursier de 1987.

Un peu comme dans les années 1930, la France fut la dernière à réagir. La mise en œuvre du Programme commun de la gauche en 1981 avec son cortège de nationalisations était totalement anachronique par rapport aux politiques alors suivies dans le reste du monde occidental et, dès 1983, le gouvernement français fut contraint à un revirement complet.

Ainsi le moindre des paradoxes de la crise de 1974 n'est pas qu'elle se soit terminée dans le triomphe du libéralisme (le «néolibéralisme», dirent ses détracteurs). Soyons honnêtes, ce ne fut nulle part un retour au «laisser faire» des libéraux du début du siècle, du moins dans les pays développés. En effet, dans nombre de pays en développement victimes de la crise et de la dette, les programmes d'ajustement structurel mis en place par les apprentis sorciers du Fonds (le FMI) et de la Banque (la Banque mondiale) se traduisirent souvent par une diète libérale d'une extrême violence. Mais dans les pays où la contestation de la société de consommation avait été la plus forte, des rues du Quartier latin aux campus américains ou italiens, la sortie de crise fut marquée au coin d'un libéralisme économique «soft» et de la prédominance de cette société de consommation vers laquelle le «camarade» de Mai 68 courait, mais désormais pour essayer de la rattraper.

La crise de 1974 se termina donc durant les années 1980. L'inflation avait balayé les dettes accumulées. Le grand échec des idéologies commençait à se faire jour (la perestroïka de Gorbatchev commence en 1985). Des États-Unis arrivaient de nouvelles technologies et surtout de nouveaux entrepreneurs. Le monde découvrait la «nouvelle économie».

CHAPITRE III

2008 ou la grande interrogation

Que retiendront les manuels d'histoire de la crise actuelle en termes de chronologie ? Elle commença au moins en 2007, voire en 2005 si l'on prend comme référence le retournement du marché immobilier américain. Mais son acmé fut l'automne 2008, avec le séisme que représenta la faillite de Lehman Brothers le 15 septembre 2008. Les États-Unis étaient alors déjà en récession depuis huit mois mais à ce moment-là, dans le fracas de l'effondrement de quelques-unes des plus grandes banques et compagnies d'assurance de la planète, c'est - pour la première fois probablement de l'histoire - le monde entier qui entra en récession. Début 2013, la crise n'est pas terminée mais on la désigne par l'année au cours de laquelle les tensions furent à leur combre, comme on le fit pour celle de 1929 et le krach boursier d'octobre. Curieusement nos trois grandes crises ont atteint leur paroxysme à l'automne : octobre 1929, octobre 1974, septembre 2008 : les feuilles mortes après l'été indien...

La crise de 2008 intervint donc après deux décennies de prospérité, baptisée sans grande imagination la « nouvelle économie ». Un autre terme marqua la période, celui de « mondialisation » dont on fit en France une utilisation pour le moins manichéenne avec les « anti- » puis les « altermondialistes ». Mais pour la première fois de l'histoire, le « système-monde » (une expression chère à Fernand Braudel, mais que certains de ses héritiers avaient vidée de sens) couvrait la planète entière avec l'effondrement du système soviétique et le début de l'ouverture chinoise. À la grande différence de 1929 et de 1974, 2008 sera la première crise vraiment mondiale, même si, en dehors de confettis anachroniques comme la Corée du Nord ou Cuba, nombre de pays en développement, à peine entrés dans l'histoire économique, ne furent guère concernés.

La dynamique de la prospérité était donc venue des États-Unis et Bill Clinton en fut le grand bénéficiaire. Il réussit à battre George Bush, le successeur de Ronald Reagan, alors que les États-Unis traversaient en 1991 une courte récession. Ses deux présidences furent marquées par la plus longue période de croissance que les États-Unis aient connue en temps de paix. Provoquée par l'éclatement de ce que l'on appela la « bulle Internet » en 2000, la récession de 2001 ne dura que quelques mois et fut emportée par la vague de patriotisme provoquée par l'attentat du 11 septembre. Soutenue par la politique de la Federal Reserve, la croissance reprit de plus belle jusqu'en 2006 au moins. L'un des principaux moteurs en fut l'investissement dans les nouvelles technologies (information, bio, bientôt nanotechnologies), facilité par une dérégulation financière massive commencée sous Reagan et poursuivie par Clinton. Par exemple, ce dernier annula en 1999 le célèbre Glass-Steagall Act de 1933, qui compartimentait les activités bancaires et interdisait leur trop grande concentration.

Rapidement en effet, la finance prit le relais de l'industrie et de ses innovations technologiques. Dans un contexte de marchés dérégulés et instables, « l'industrie financière » fit preuve d'une imagination sans pareille avec l'explosion de ce que l'on appela les « marchés dérivés », des plus simples (« à la vanille », comme les glaces) aux plus compliqués (les Asiatiques...). Une véritable frénésie saisit Wall Street, la City et même la finance parisienne dont les marchés à terme de produits financiers connurent un étonnant succès. À côté de l'entrepreneur « high-tech », l'autre figure emblématique de l'époque fut celle du « trader », un mot et même une fonction intraduisibles, mais qui fit rêver des générations de jeunes financiers. Les bonus et autres *stock-options* qui semblaient couler sans retenue des rivières de la finance enflammaient les imaginations. Ce fut l'époque des grandes OPA hostiles lancées par des fonds de « barbares » (d'après le titre du célèbre livre de Bryan Bourrough, *Barbarians at the Gate,* qui racontait l'OPA dont fut victime le géant du tabac américain RJR Nabisco) qui revendaient au plus offrant les morceaux des groupes qu'ils dépeçaient.

Certes la croissance fut partagée par tout le monde : aux États-Unis, le taux de chômage tomba au-dessous de 5 %, ce qui correspond presque à un niveau de plein emploi. Mais il est incontestable que les inégalités augmentèrent entre les très riches (les 1 % du sommet) et le reste de la population, entre le capital et le travail. Un esprit de lucre régnait au sommet non seulement des entreprises mais aussi des États. On pouvait faire fortune en quelques années à partir de « start ups » ou de « dot.com » ou en accumulant des bonus dans la finance. Les fonds d'investissements mais aussi les caisses de retraite les plus conservatrices exigeaient des taux de retour sur investissement de 15 % par an, ce qui était aussi peu raisonnable que les sommes gagnées dans les grands casinos de Wall Street, à l'image de Goldman

Sachs et de quelques autres. Lorsqu'une entreprise tombait, comme ce fut le cas d'Enron et d'Arthur Andersen en 2001, lorsqu'apparaissaient au grand jour les manœuvres et les pratiques les plus sordides, le scandale était vite oublié dans ce qui apparaît aujourd'hui, avec le recul, comme une véritable fuite en avant. Mais là encore l'illusion était la plus forte : en 2006, un rapport de l'agence de notation Standard & Poor's estimait que « le système financier mondial a[vait] une santé de fer... Ces dernières années ressembl[ai]ent de plus en plus à l'âge d'or de l'industrie bancaire mondiale » (citation retrouvée par le grand historien des banques, Hubert Bonin).

Vingt années de croissance donc et le triomphe par K.-O. du modèle capitaliste libéral. Il faut bien reconnaître qu'il n'avait plus guère d'adversaires. Le modèle soviétique s'était effondré et le communisme tel qu'il était pratiqué en Chine et au Vietnam était plus proche du capitalisme le plus débridé que des social-démocraties européennes. Et justement, celles-ci étaient en crise malgré l'évidente réussite de la construction européenne. Le Royaume-Uni se cherchait une « troisième voie », l'Allemagne remettait sur le métier son modèle social, la France comme à l'habitude faisait le grand écart entre la libéralisation des marchés et... les 35 heures. Quant au Japon, il se révélait incapable de sortir d'une crise de société née au lendemain de l'éclatement des grandes bulles financières et immobilières du début des années 1990. Mais tout ceci ne concernait que le « vieux monde », alors que montaient les pays émergents et surtout la Chine vers laquelle au début du XXIe siècle tous les regards se tournaient. Grâce à eux, l'économie mondiale connut entre 2003 et 2007 des taux de croissance extraordinaires de l'ordre de 5 %. Les quelques accidents de parcours, comme la crise asiatique de 1997 ou l'éclatement de la bulle Internet de 2001, furent vite oubliés, tout comme les récessions de 1991-1992 ou de 2001. La machine économique mondiale tournait à plein régime.

C'est dans ce contexte qu'intervint la « crise de 2008 ». Ses racines sont essentiellement financières. Elle est née de la recherche de placements toujours plus rentables et de la sous-évaluation des risques induits. En l'espèce, il s'agissait de prêts immobiliers sur le marché américain qui faisaient l'objet de refinancements sophistiqués permettant de les diluer dans des produits alliant illusoirement rentabilité et sécurité. Comme toujours en ces domaines financiers, la naïveté des investisseurs peut être confondante ! Le retournement du marché immobilier américain à partir de 2005 contribua à rendre « toxiques » nombre de ces produits financiers et le monde découvrit un mot nouveau, celui de « subprime » (les prêts consentis aux ménages américains sans garanties suffisantes). De la crise des subprimes en 2007, on passa à une crise financière globale au fur et à mesure que les bilans bancaires révélaient leur degré de toxicité. Au total, les pertes directes et indirectes des banques et compagnies d'assurance de la planète dépassèrent probablement les 4 000 milliards de dollars. Au passage, un État, l'Islande, fit même faillite.

De financière la crise devint économique dès la fin de 2007 aux États-Unis et au second semestre 2008 dans le reste du monde et même en Chine. En 2009, tous les pays de l'OCDE affichèrent une croissance négative. À cela s'ajoutèrent les conséquences de la flambée des prix des matières premières à partir de 2006, flambée due à la montée en puissance de la demande chinoise.

La crise économique fut d'ailleurs probablement aggravée par les déséquilibres liés à l'émergence de la Chine que ce soit en termes de commerce extérieur, de balances des paiements ou de réserves de change. Cela étant, dans un premier temps, c'est la Chine qui par ses achats de bons du Trésor finança les programmes de relance aux États-Unis.

Par sa violence, la crise frappa tant les esprits que les politiques. Dès l'automne 2008, à l'initiative du président français Nicolas Sarkozy, se réunit un nouveau groupe – le G20 – censé être plus à même de favoriser la concertation des politiques économiques. Aux États-Unis, il fallut attendre l'élection d'un nouveau président (et beaucoup virent alors en Barack Obama un nouveau Roosevelt). Partout, en fait, les recettes furent les mêmes : baisse des taux d'intérêt par les banques centrales pratiquement jusqu'à zéro, abandon des objectifs de réduction des déficits budgétaires, plans de relance massifs (aux États-Unis et... en Chine) puis un peu plus tard, rachat par les banques centrales de bons du Trésor afin de donner plus de liquidités aux banques pour financer l'économie. On assista aussi partout où cela fut nécessaire à des quasi-nationalisations bancaires (Royaume-Uni, États-Unis...) et même industrielles, comme dans le cas de General Motors aux États-Unis.

Le résultat de pareil volontarisme ne se fit pas attendre et, dès l'automne 2009, la récession économique était terminée dans la plupart des pays avancés et la reprise chinoise était encore plus impressionnante.

En 2010, l'impression générale était que la crise avait été surmontée alors même que les craquements du système demeuraient flagrants : les États-Unis n'affichaient qu'une croissance de 1 à 2 %, bien insuffisante pour faire diminuer le chômage. En Europe, les États les plus fragiles – de l'Irlande à la Grèce – menaçaient l'équilibre de la construction européenne et après une brève embellie, son économie sombrait à nouveau dans la récession en 2012. La crise de 2008 n'était pas terminée !

Elle ne l'était pas non plus sur le plan moral. À l'automne 2008, devant les caméras de télévision de la planète, les plus grands banquiers et financiers avaient battu leur coulpe et confessé leurs fautes. Au même moment, dans le secret des salles de trading, éclataient quelques scandales (Kerviel en France) illustrant leur légèreté. Les commentaires condamnant la toute-puissance de la finance étaient monnaie courante. Nicolas Sarkozy affirmait ainsi : « L'idée de la toute-puissance du marché est une idée folle... cette crise marque la fin d'un monde », tout comme Barack Obama qui déclarait : « Une nation ne peut prospérer longtemps si elle ne favorise que les riches ».

Tout ceci ne dura guère et les bonus s'envolèrent à nouveau à Wall Street, dans la City, mais aussi à Singapour ou à Hong Kong.

Début 2013, les États-Unis commençaient à retrouver quelques couleurs même s'ils peinaient à régler leurs problèmes institutionnels et à passer le cap de la désormais célèbre « falaise fiscale », l'Europe était au fond de la récession, la Chine, après un changement de timonier, rebondissait faiblement, le monde vivait un nouveau choc alimentaire et... il n'y avait toujours aucun pilote dans l'avion de l'économie mondiale.

CHAPITRE IV

Recettes de crise

Voici donc croquées à larges traits les principales caractéristiques des trois grandes crises du «long» XXe siècle : 1929, 1974 et 2008. On ne peut qu'être frappé par les points communs de ces trois épisodes de l'histoire économique mondiale tant en ce qui concerne leurs causes que leur déroulement.

On constate en premier lieu que chacune d'entre elles a frappé un monde en pleine euphorie. La crise met un terme aux Années folles, aux Trente Glorieuses, à la nouvelle économie. Elle frappe dans un ciel serein que certes quelques Cassandre avaient scruté avec angoisse mais dont personne n'avait pris au sérieux les prophéties. Au contraire, ces longues périodes de prospérité avaient contribué à un véritable sentiment d'immunité. Tout marchait si bien que, enfin, on avait trouvé la martingale idéale.

Que des politiques tiennent ce genre de discours, passe encore, mais lorsqu'il s'agit d'économistes reconnus comme Fischer ou Samuelson, il y a vraiment de quoi s'inquiéter. En 2009, la reine Elizabeth II s'étonna à juste raison de cet aveuglement des économistes. À quoi servaient-ils au fond ?

De manière plus sérieuse, il est clair que l'euphorie économique amène les régulateurs à fermer les yeux sur des prises de risque qui, en d'autres temps, auraient été jugées extravagantes. Cet excès de confiance explique les difficultés à prendre rapidement la mesure d'une véritable crise. Après le grand beau temps donc, non seulement un orage mais une tempête lourde qui fait oublier pour longtemps les rayons du soleil ; et surtout ne pas croire les météorologues s'ils disent qu'il ne pleuvra jamais plus.

Deuxièmement, les trois crises ont été caractérisées par la montée des inégalités au sein des sociétés, cela étant d'ailleurs la conséquence de la prospérité antérieure. Si le constat est évident en 1929 et en 2008, il l'est moins pour 1974, ce qui explique probablement que cette crise ait été la moins financière des trois. Alors que la réduction des inégalités, par le biais de l'État providence, est typique des social-démocraties de marché occidentales, au point dans certains cas d'en exagérer le caractère égalitariste, leur augmentation est le propre des pays émergents et en développement, comme la Chine ou la Russie en 2012. En 1929 et 2008, l'écart entre les revenus les plus extrêmes augmenta sans commune mesure avec la croissance de certains secteurs tels la haute technologie : les 1 % les plus riches virent leur part dans la richesse nationale croître d'une manière que l'on pourrait qualifier d'indécente si la morale avait là quelque place.

Cette augmentation des inégalités s'accompagna d'un primat du matériel sur toute forme d'idéologie et même de spiritualité. En 1929 comme en 2008, on assista à l'apologie du « golden boy », de Gatsby à Jérôme Kerviel, des boîtes de la Prohibition aux salles de marché de la City. En 1974, l'approche fut un peu différente, la société de consommation des années 1960 triomphait : enfin on pouvait consommer bien au-delà de ses simples besoins primaires.

Le primat du matériel, l'augmentation des inégalités, l'illusion d'un bonheur de pacotille, tout ceci contribua à semer les graines d'une véritable crise morale qui, en 1974, éclata bien avant la crise économique elle-même. Mais en 1929 et en 2008, elle était déjà là, sous-jacente.

Enfin chacune des crises a connu son lot de chocs externes qui ont souvent servi de révélateurs. Ce furent bien sûr les craquements du système bancaire, de la faillite du Kredit Anstalt de Vienne en mai 1931 à celle de Lehman Brothers en septembre 2008. Certes, en d'autre temps, il y avait déjà eu des faillites de banques ou d'institutions financières (aux États-Unis, la Continental Illinois en 1984, puis le système des Caisses d'épargne – Savings and Loans – en 1986), mais celles de 1929 et de 2008 furent presque systémiques en enclenchant un véritable effet de domino alors que les épargnants cherchaient désespérément de la sécurité.

Les marchés de matières premières connurent aussi de véritables chocs en 1974 et 2008. En 1929, on était encore pour l'énergie et les métaux au temps des cartels. Mais en 2008 et surtout en 1974, les matières premières furent une des causes majeures du déclenchement de la crise et, en 1974, du choc inflationniste qui suivit. Dans les trois cas, l'absence de coordination monétaire ne fit qu'aggraver la situation en privilégiant le « chacun-pour-soi ». La dévaluation américaine de 1933, l'abandon de Bretton Woods en 1971, l'instabilité totale des marchés monétaires au début du XXIe siècle, firent de ces marchés des caissons amplificateurs des tensions liées à la crise économique.

Ajoutons aussi la dimension géopolitique qui préside à ces périodes. Certes en 1929, l'Europe se congratule à Genève et à la Société des Nations, mais le couple infernal dettes-réparations continue à empoisonner les relations transatlantiques. En 1974, la décolonisation est à peine terminée et grâce à ses matières premières, le Sud espère prendre le pouvoir : c'est la grande impasse de ce que l'on appela alors le dialogue Nord-Sud. 2008 est marquée par la montée des pays émergents – et surtout de la Chine – mais aussi par le relatif échec du G20. À chaque fois, les contemporains ont du mal à appréhender l'ampleur exacte des mutations de la planète, qu'ils exagèrent ou à l'inverse sous-estiment.

En 1929 comme en 2008, l'ultime étincelle qui mit le feu aux poudres est venue de la passion et de la folie des marchés. Il est fascinant de constater combien les êtres les plus rationnels, ceux qui construisent les modèles les plus pointus, peuvent être saisis par une sorte de folie qu'a posteriori, rien ne peut justifier. L'historien sait que les arbres ne montent jamais au ciel, mais dans le feu des marchés ceux qui le pensent sont nombreux. C'est même une constante de l'histoire et il suffit pour s'en convaincre d'évoquer la folie qui saisit les Pays-Bas entre 1637 et 1640 sur les marchés des bulbes de tulipes : un seul bulbe d'une tulipe rare mais dont on ne savait s'il donnerait une fleur put s'échanger pour le prix d'une demeure patricienne à Amsterdam ! Il en fut ainsi durant l'été 1929 sur le marché boursier américain, en 1974 pour nombre de matières premières comme le sucre, en 2008 pour l'immobilier, les marchés boursiers et la plupart des matières premières. Bien sûr chaque marché a sa propre histoire, mais l'effet d'euphorie est collectif. Et c'est lorsque l'euphorie atteint son comble que les valeurs sur les marchés deviennent déraisonnables ; c'est alors que l'on peut commencer à parler de bulle et que celle-ci, à l'image des bulles de savon, finit par éclater.

D'un point de vue macroéconomique, nos trois crises diffèrent : celle de 1929 fut incontestablement une dépression alors qu'en 1974 et même en 2008, il ne s'est agi que de récession. Cette distinction sémantique n'est pas qu'une vaine argutie : la contraction de l'économie entre 1929 et 1933 aux États-Unis n'a aucun équivalent dans l'histoire. En revanche, en 1974 et en 2008, la récession fut relativement brève (un peu plus d'un an) et moins marquée (5 % de contraction de l'économie dans le pire des cas). Pour les trois crises, on enregistrera une rechute (un *« double dip »* disent les économistes) : en 1938 aux États-Unis, en 1981 pour les pays occidentaux, en 2012 en Europe. Les crises de 1929 et 1974 durèrent plus d'une décennie. Celle de 2008 n'est toujours pas achevée...

Sur le plan moral, chacune des crises fut vécue d'abord comme une humiliation, mais aussi comme une déviance pour laquelle d'ailleurs des coupables devaient être désignés. Spéculateurs et financiers furent bien entendu les boucs émissaires rêvés et certaines scènes de commissions d'enquêtes parlementaires de 2008 et 2009 rappelèrent furieusement l'ambiance des années 1930. Il en est même de l'opprobre jeté sur les «riches», laissant apparaître des parallèles saisissants entre les discours des démocrates radicaux de 1934 aux États-Unis (Huey Long, le père Coughlin) et ceux des socialistes français de 2012. Au-delà, les crises furent l'occasion de remettre en cause le «modèle capitaliste» dans sa version dominante de l'époque: dans les années 1930, c'est le recours aux idéologies communistes ou fascistes (n'oublions pas qu'à l'origine, le parti nazi est anticapitaliste). En 1974 encore, on peut imaginer quelques alternatives radicales que chercheront à explorer les «gauchistes». En 2008, il n'y a plus guère de grandes utopies fondatrices et la remise en cause se fait beaucoup plus de l'intérieur du système. En 1929 en effet, personne ne discutait du modèle de production, qu'il soit «fordiste» ou stalinien. C'est en 1974 qu'apparaissent les premières contestations sur la finalité de la croissance elle-même: ainsi en 1972 est publié le célèbre rapport au club de Rome *The Limits to Growth* (le titre français *Halte à la Croissance?* était beaucoup plus radical). L'approche était alors moins environnementale que «comptable», c'est-à-dire basée sur l'évaluation de la disponibilité de ressources naturelles. Le rapport anticipait pour la fin du siècle l'épuisement de la plupart des réserves de pétrole et de métaux ainsi que la généralisation de la malnutrition du fait de l'incapacité de la production agricole à répondre aux besoins. Bien entendu, il n'en fut rien grâce notamment à l'impact du choc des prix des années 1970 sur les technologies de production. Mais on retrouve en 2008 exactement la même approche et les mêmes arguments sur le thème de la « décroissance » avec cette fois-ci une connotation plus « verte » et plus climatique dans la vague des débats sur le réchauffement de la planète.

En fait chaque crise est une aubaine pour les penseurs « millénaristes » (la grande peur de la fin du monde aux alentours de l'an mil dans la chrétienté). Alors que le tourbillon idéologique est encore dominant en 1929 et peut faire illusion en 1974, il a disparu en 2008 car plus aucune idéologie proposant de changer radicalement le monde n'existe: alors, au-delà du « développement durable » (le comble du politiquement correct), la contestation porte sur les rapports entre l'homme et son environnement ainsi que sur les finalités de la croissance dans une vision globale profondément pessimiste, pouvant déboucher pour les plus radicaux et les plus cohérents vers la disparition ou au moins l'encadrement de la population par la réduction drastique de la natalité.

« Repentez-vous, la fin du monde est proche » : sans même parler des hasards du calendrier maya, le propre des grandes crises est donc de susciter ce type de discours. Convenons qu'en 1929, la véritable sortie de crise, la guerre, revêtit un caractère d'apocalypse finale. Les discours de 1974 furent vite oubliés même s'ils furent à l'origine des mouvements écologistes de la fin du siècle : l'itinéraire d'un Daniel Cohn-Bendit, d'icône de la contestation de Mai 68 à la figure de « sage » de l'écologie politique en 2012, est au fond parfaitement cohérent. Il reste à voir ce qu'il restera des discours catastrophiques actuels qui souvent s'autoalimentent dans leur contestation et leur refus des technologies nouvelles, qu'elles soient « bio » ou « nano ». Force est de constater en tout cas que la grande vague moralisatrice de 2008 et de 2009 sur le thème de l'éthique du capitalisme et de « l'homme au cœur de la mondialisation » est largement retombée une fois passés les premiers émois médiatiques. Pour autant nous n'en sommes pas encore au stade de la sortie de la crise.

CHAPITRE V

Sorties de crise

Le malade est allongé devant lui. Le médecin doit diagnostiquer, soigner et surtout guérir. Il en est de même de l'économiste qui diagnostique et conseille médications et cures et de l'homme politique qui a la charge de les appliquer. À l'instar de la médecine qui, pour soigner les corps, doit tenir compte du moral des malades, l'économie n'est pas une science exacte et on a vu que c'est lorsque les économistes commencent à affirmer des certitudes du genre « nous savons maintenant prévenir et guérir les crises » que les catastrophes sont proches. Le contenu même des « boîtes à outils », s'il a évolué au fil du temps en termes de sophistication des politiques, n'a au fond pas beaucoup changé en un siècle ; de ce point de vue, le discours que Keynes a tenu en février 1930 devant le comité MacMillan a gardé toute son actualité.

Au tout début de la crise de 1929 en effet, le gouvernement britannique avait réuni une commission d'enquête (déjà !) qui avait auditionné début 1930 John Maynard Keynes. Celui-ci était alors un économiste reconnu mais dont l'influence demeurait limitée.

Keynes passa deux journées à présenter aux membres du comité MacMillan les différentes stratégies de redressement envisageables pour un pays en difficulté depuis 1925 en raison du rétablissement par Churchill, alors chancelier de l'Échiquier, de la convertibilité de la livre sterling en or à un taux insoutenable, ce que Keynes avait déjà vertement critiqué. Il évoqua plusieurs stratégies possibles : la dévaluation, la réduction des revenus nominaux (c'est-à-dire la déflation), les subventions aux entreprises, la rationalisation industrielle par le biais de cartels voire de nationalisations, des grands travaux financés par l'emprunt et enfin la concertation entre banques centrales. À peu de choses près, toutes ces recettes ont été utilisées avec plus ou moins de succès durant les trois crises que nous analysons. Passons sur les dévaluations pratiquées à partir de 1933 puis de 1971 par les États-Unis. Par la suite, le passage à un système de changes flottants a rendu un peu plus difficiles pour les grands pays les manipulations monétaires même si celles-ci sont devenues plus subtiles et quoique le débat actuel sur le maintien de pays comme la Grèce dans l'euro se pose exactement dans ces termes. Quant à la concertation entre banques centrales, elle n'a jamais vraiment été couronnée de succès, en 2008 encore moins qu'avant. Le désordre monétaire mondial, héritage de la crise de 1974, n'a pas encore trouvé l'amorce de la moindre gouvernance que ce soit.

La solution de la déflation fut la grande erreur des démocraties européennes au début des années 1930 et, par le cortège de misères qu'elle entraina, elle fit le lit des extrémismes. Sans aller jusque-là, on peut craindre de graves conséquences pour les pays européens soumis à ces contraintes depuis 2010.

En fait, dans les années 1930 et 1970 et depuis 2008, le principal remède apporté aux crises a été la mise en place de plans de relance publics à base de grands travaux (dès 1931 aux États-Unis), d'augmentation du périmètre de l'État providence (voire de son invention dans les années 1930), d'organisation industrielle et même de « nationalisations » – en général, des canards boiteux, de la sidérurgie française à la fin des années 1970 à General Motors en 2009. Ce fut là la grande invention du New Deal de Roosevelt ainsi que des régimes corporatistes ou du Front populaire français. Les mêmes politiques furent menées dans les années 1970 et à nouveau depuis 2009. Tout ceci eut en général pour conséquence d'augmenter les déficits publics et donc l'endettement. Mais si la crise de 1929 se mua en dépression, c'est bien parce que cette relance « keynesienne » fut mise en œuvre tardivement, à la différence de 1974 et de 2008 où la riposte fut immédiate et permit d'en rester, sur le plan macroéconomique, à de simples récessions.

Sur le moyen terme, ces politiques furent-elles efficaces ? Comme la lance du pompier qui éteint un incendie, elles noyèrent aussi un peu les économies et, en fait, on ne peut leur attribuer aucune véritable sortie de crise : c'est particulièrement le cas de la crise actuelle dont la rechute montre bien la relative inefficacité tant des plans de relance que du soutien des banques centrales par la baisse des taux d'intérêt et le rachat de dettes.

Reconnaissons toutefois qu'en 1929 et en 1974, les dettes publiques engendrées furent rapidement effacées par la montée en flèche de l'inflation qui eut le mérite de réduire l'ampleur des inégalités et de contribuer au rééquilibrage du partage capital/travail. L'inflation fut un des facteurs majeurs de la sortie des crises en 1929 comme en 1974 ; pour 2008 nous n'y sommes pas encore.

Mais au fond le plus frappant est de constater que les solutions qui permirent de sortir des crises ne furent jamais d'ordre économique. On l'a déjà dit, la crise de 1929 n'a commencé à s'estomper qu'avec le retour de l'économie de guerre dès 1937-1938, même un peu avant pour l'Allemagne. La crise de 1974 ne se dissipe vraiment, au-delà de la montée en puissance des dépenses liées à la « guerre des étoiles » de Reagan, qu'avec l'arrivée à partir du début des années 1980 de la troisième révolution industrielle. Peut-il en être de même pour 2008 avec le choc du décollage économique des pays émergents ?

Au total, les sorties de crise furent par le passé le résultat de la conjonction de politiques volontaristes, de chocs externes... et du hasard, le tout adouci par le meilleur des anesthésiants, celui de l'inflation.

Pourtant, comme on l'a vu, on ne peut circonscrire les crises dont nous parlons au seul champ économique. La caractéristique de nos trois crises majeures est d'avoir aussi été des crises sociales et surtout morales et d'avoir chaque fois provoqué de véritables ruptures entraînant une profonde remise en cause des certitudes de l'époque. Certes, les nostalgiques n'ont jamais manqué, tout comme ceux qui rêvent de reconstruire le monde « d'avant » : revenir à la Belle Époque ou aux Trente Glorieuses, effacer d'un coup de chiffon la crise et ne retenir de la prospérité antérieure que les aspects positifs. L'histoire nous enseigne qu'il n'y a jamais de retour vers le passé et que l'on ne peut figer ni les sociétés ni les hommes.

Outre les nostalgiques, il y a tous ceux qui ont pensé que les crises allaient ouvrir la voie à de nouveaux modèles, voire à de nouvelles idéologies : la crise de 1929 a fait le lit tant des nationalismes et des corporatismes que du communisme. En 1974, on est resté dans le champ du rêve avec l'expression d'une multitude de gauchismes. En 2008, la scène idéologique demeure presque vide à l'exception de certaines formes d'intégrisme écologique. Bien avant la crise, les sommets altermondialistes de Porto Alegre ne faisaient déjà plus recette. Les protestations morales entendues au cours du second semestre 2008, au cœur de la crise financière, manquaient singulièrement de vigueur et il a fallu attendre en France la campagne électorale des présidentielles de 2012 pour qu'un tribun comme Jean-Luc Mélenchon fasse acclamer la *Sociale* et le *Temps des cerises*. C'est là une différence majeure entre 2008 et les deux crises de 1929 et 1974 : le champ idéologique est à peu près vide. Au-delà des effets de tribune, dans la plupart des pays il n'y a guère de différence entre la gauche et la droite en termes de politique économique. La contestation – quand elle existe – vient d'ailleurs, à l'image du mouvement des « indignés » dont le point de départ a été le petit livre de Stéphane Hessel. Cependant, cette indignation reste bien courte, surtout quand on la compare à celle des années 1960.

La capacité à s'indigner est quand même aussi liée à l'intensité de la crise. De ce point de vue la « dépression » de 1929 n'a jamais eu d'équivalent et il est logique que tous ceux qu'elle avait laminés aient cherché à en vendanger les « raisins de la colère » vers le fascisme ou le communisme.

Rien de tel en 1974 ni en 2008 : la récession demeure limitée dans l'un et l'autre cas même si le chômage augmente fortement : en 1974, le chômage de masse refait son apparition ; en 2008, il augmente à nouveau mais dans un contexte rendu supportable par l'intervention de l'État providence (qui n'existait pas en 1929). La contestation, déjà un peu artificielle en 1974, reste donc largement minoritaire en 2008 et ce d'autant plus qu'elle ne porte pas de projet ni n'imagine sincèrement de « grand soir ». Le discours dominant, quelque peu angélique, est celui de la « moralisation » de l'économie, de la volonté de remettre l'homme au cœur de la mondialisation. De manière anecdotique, cela passe par le plafonnement des rémunérations, par leur plus grande transparence, par la mise en place de normes plus strictes en matière de gouvernance d'entreprise. Il n'y a là, on le voit, rien de bien révolutionnaire. Certes le pouvoir de la finance est fustigé mais l'existence même des marchés financiers n'est pas remise en cause. Le prix Nobel d'économie, qui est un bon indicateur des modes de la «science» économique, a connu à son origine une période «post-keynésienne», puis «néolibérale» (Friedman et consorts) avant de marquer un tournant vers des économistes plus critiques et plus «moraux», comme Sen ou Stiglitz. Mais nous sommes là très loin de véritables ruptures dans la pensée économique.

On retrouve les mêmes évolutions sur le plan moral dans le domaine philosophique et spirituel. Le cheminement de la pensée économique catholique, ce que l'on appelle la «doctrine sociale de l'Église», en constitue une bonne illustration. Encore empreinte de corporatisme dans les années 1930, elle va largement s'ouvrir dans les années post-conciliaires de la crise de 1974. Un texte comme l'encyclique *Populorum Progressio* de Paul VI sur le développement des peuples plaide pour une mutation radicale des relations économiques entre le Nord et le Sud et ouvre la voie à des contestations plus radicales illustrées en Amérique latine par la théologie de la libération. Plus tard Jean-Paul II, dans *Centesimus Annus*, publié en 1991, au lendemain de l'effondrement du communisme soviétique, insiste sur l'importance du maintien de l'État providence. Le texte le plus récent, *Caritas in Veritate* de Benoît XVI, a une toute autre orientation en renvoyant dos à dos le marché et l'État pour privilégier la *caritas*, c'est-à-dire l'Amour dans une véritable spiritualité du don. La réponse à la crise n'est plus économique, elle est là seulement morale et réside dans la capacité des hommes à donner. Quelques-uns des plus grands « capitalistes » du moment, du financier Warren Buffett au fondateur de Microsoft, Bill Gates, à l'origine des plus importantes fondations de la planète, adhèrent à cette vision. En 1929, on avait en quelque sorte inventé l'État providence. En 1974 et encore au début de la crise de 2008, l'intervention de l'État a atteint un niveau proche de la saturation avec une efficacité fortement décroissante et des coûts de moins en moins supportables. L'intermédiation des individus ne devient-elle pas alors nécessaire ? C'est en tout cas la grande nouveauté de la crise de 2008. Sa complexité est telle que les outils classiques – ceux présentés par Keynes en 1930 – se révèlent à peine suffisants à la contenir et sont pour l'instant incapables de la guérir. Comme personne n'imagine plus de changement radical de système, cette impuissance oblige dans une certaine mesure à changer de paradigme : le cœur de la crise ne résiderait-il pas dans le comportement des individus, caractérisé, comme en 1929, par l'égoïsme et l'absence de responsabilité sociale ? La sortie de la crise de 2008 ne pourra faire l'économie d'une remise en cause des rapports entre l'individu et la société.

Que conclure donc de nos sorties de crise qui puisse être de quelque utilité en 2013 ? La grande dépression (1929) s'est terminée dans le fracas des idéologies et de la guerre. La « grande illusion » (1974) ne s'est vraiment achevée qu'avec une suite de chocs technologiques sur fond de libération des économies. Cinq ans au moins après ses débuts, la « crise de 2008 » est entrée dans une phase plus systémique dont pour l'instant on ne voit guère l'issue.

CHAPITRE VI

Leçons finales de crises

Longtemps l'histoire des hommes – au moins telle qu'elle s'enseignait au siècle dernier – a été faite de guerres et de batailles. Les fluctuations économiques et les mutations sociales ne paraissaient pas déterminantes. C'est l'immense mérite d'historiens comme Fernand Braudel d'avoir su inscrire dans nos grandes chronologies la logique sinon des cycles économiques du moins des chocs économiques et donc des crises. Ainsi l'une des crises majeures de l'Occident médiéval, celle du milieu du XIVe siècle, correspond à la fois à une crise de subsistance dans une Europe surpeuplée, à l'irruption de la peste noire et au début de la guerre de Cent Ans. Le champ économique n'est pas le moins important.

Dans la première moitié du XXe siècle, l'histoire des guerres et celle des crises sont allées de pair: la crise de 1929 s'est propagée des États-Unis à l'Europe (et surtout à l'Allemagne) par le biais de la question des réparations et des dettes de guerre que le traité de Versailles n'était pas parvenu – ou n'avait pas voulu – trancher. La crise de 1929 a en quelque sorte achevé le travail de destruction de l'Europe entamé entre 1914 et 1918 et ne s'est vraiment terminée que dans les cendres de la Seconde Guerre mondiale.

Deux empires sont nés de la Seconde Guerre mondiale. Celui de l'Est fera illusion jusqu'au début des années 1980 alors même que le dopage tant de ses athlètes que de ses performances économiques est de plus en plus évident. Celui de l'Ouest va connaître pendant un peu plus de vingt ans une étonnante prospérité, une véritable «pax americana» tant politique qu'économique. La crise de 1974 va y mettre un terme alors même que se terminent les dernières guerres de l'époque coloniale. Elle fait entrer le monde, bientôt réuni, dans une période marquée au coin de l'instabilité qui prévaut encore aujourd'hui. L'irruption des nouvelles technologies – ce qu'on a appelé la troisième révolution industrielle – relance la dynamique de la croissance sans pour autant régler ni même atténuer les principaux déséquilibres hérités de la crise de 1974. La crise de 2008 en est l'héritière. On ne peut certes négliger sa dimension géopolitique marquée par l'affaiblissement des États-Unis, embourbés dans des conflits absurdes, par les déchirements du monde islamique, par l'émergence de la Chine et par le désarroi institutionnel européen. Mais l'essentiel est ailleurs et réside en particulier dans l'absence totale de gouvernance mondiale et dans la soumission aveugle des économies et des sociétés à l'instabilité des marchés.

Une crise de la nature de celles que nous avons analysées ne peut trouver d'issue par la seule grâce des politiques publiques. Que ce soit l'intervention de l'État dans les années 1930 ou le grand virage libéral des années 1980, ces politiques économiques n'ont pas suffi à elles seules à mettre un terme aux crises de 1929 et de 1974. Il a fallu un choc externe, celui de la guerre en 1939, celui des nouvelles technologies à partir de 1985. Que peut-il en être aujourd'hui ?

La première piste est celle de la poursuite du choc technologique : si les technologies de l'information semblent parvenues à maturité – avec même un certain essoufflement des innovations de moins en moins « révolutionnaires » –, tel n'est pas le cas des biotechnologies et encore moins des convergences entre nanos, bios, technologies de l'information et cognitive. À un niveau beaucoup moins sophistiqué, comment ne pas mentionner aussi la révolution technologique intervenue à partir de 2008 dans le domaine de l'énergie avec le développement de la production de gaz puis de pétrole de schiste grâce à la combinaison de techniques de fracturation hydraulique et de forages horizontaux. Cette innovation est à l'origine d'une nouvelle « ruée » vers les hydrocarbures aux États-Unis et représenterait la moitié du potentiel de croissance américain tout en suscitant dans nombre de pays des résistances environnementales plus ou moins justifiées.

Dans ce cas précis se pose bien sûr le problème de la bonne gestion de la rente issue de ces ressources naturelles : la malédiction des matières premières, c'est-à-dire le déséquilibre d'une économie et même d'une société que provoque pareille manne tombée du ciel, n'est jamais bien loin. Faut-il pour autant s'en désintéresser, comme c'est le cas aujourd'hui en France ? C'est là une autre question qui mériterait au moins un débat.

La deuxième piste se trouve bien sûr dans les régions du monde qui représentent à l'heure actuelle l'essentiel d'une croissance mondiale qui, autour de 3 % en 2012 et au début de 2013, demeure fort élevée et permet de relativiser l'ampleur de la crise de 2008. La moitié de la population mondiale (3,5 milliards de personnes) réside dans ce que l'on appelle les pays émergents ou en décollage rapide : l'essentiel de l'Asie, une bonne partie de l'Amérique latine et quelques autres pays comme la Turquie ou le Maroc (nous excluons de cette liste les producteurs de matières premières tels le Moyen-Orient ou la Russie dont la croissance demeure artificielle). Chacun de ces pays a connu sa propre histoire de développement économique mais celui-ci a été facilité à partir des années 1980 par la montée des exportations vers les pays avancés. Les grands flux du commerce international s'en sont trouvés inversés, faisant de la Chine par exemple à la fois l'atelier du monde et le principal marché des matières premières de la planète. Tous ces pays se trouvent aujourd'hui confrontés à la stagnation – dans le meilleur des cas – de leurs exportations en raison de la crise qui touche leurs principaux clients. Pour maintenir les taux de croissance élevés nécessaires à leurs équilibres macroéconomiques et sociaux, le relais ne peut venir que de leur marché intérieur et de la demande de leurs consommateurs. Ce serait là un enchaînement vertueux idéal qui donnerait à l'économie mondiale l'espace de respiration nécessaire. La crise de 2008 pourrait ainsi se dissoudre dans le grand élan en provenance des pays émergents. Pourtant, ces derniers représentent aussi des menaces et la plus importante est sans nul doute chinoise.

L'originalité de la crise de 2008 est qu'elle a consacré le triomphe chinois. Certes l'activité économique chinoise s'est tassée au plus fort de la crise, et fin 2008 sa croissance n'était plus «que» de l'ordre de 6%, avec même une légère baisse de sa production industrielle. Mais depuis, la reprise a été forte malgré un ralentissement «politique» en 2012. En effet à l'automne 2012 s'est achevée la décennie de «règne» de Hu Jintao, la plus glorieuse période de l'histoire économique chinoise: 10% de croissance en moyenne annuelle! Une telle croissance a provoqué des déséquilibres à la fois externes et internes: des déséquilibres externes avec l'accumulation d'excédents commerciaux et in fine de réserves par la Banque de Chine, converties en grande partie en achats de bons du Trésor des pays occidentaux, et au premier chef des États-Unis. La Chine a permis de refinancer sur une grande échelle les déficits provoqués par la crise de 2008 et 2009 (les États-Unis avaient fait un peu la même chose entre 1924 et 1928 vis-à-vis de l'Allemagne). On ne s'étonnera pas qu'au cœur de la crise européenne, le sauvetage de la Grèce par des capitaux chinois ait pu être évoqué. Pour l'instant cependant, la devise chinoise – le yuan – n'a pas assumé le rôle de monnaie de réserve qui devrait être celui de la deuxième économie de la planète. Le yuan n'est toujours pas librement convertible et ne peut l'être tant sont grands les déséquilibres internes de l'empire du Milieu. Pareille croissance en effet a provoqué, outre le développement de la corruption, de fortes tensions économiques et sociales: montée des inégalités, surcapacités de production dans certains secteurs, détérioration des bilans des banques, bulles en tout genre notamment dans l'immobilier. Ce n'est pas verser dans le pessimisme que d'imaginer que le chapitre suivant de la crise de 2008 pourrait être chinois. Elle serait de nature différente et entrainerait un ajustement un peu comparable à celui engendré par la crise asiatique de 1997, qui avait brièvement ravagé les tigres et les dragons. Mais à l'aune de l'importance prise par l'économie chinoise dans les circuits financiers mondiaux, elle ne manquerait pas d'avoir des conséquences dramatiques pour le reste du monde, un peu identiques à celles du krach d'octobre 1929 sur les économies européennes.

Ainsi la Chine peut être la meilleure et la pire des choses pour tous les pays qui dépendent aujourd'hui de sa croissance et de ses excédents. La relance de l'économie est bien sûr au programme de la nouvelle équipe au pouvoir à Pékin. Elle en a a priori les moyens. Mais ce n'est plus seulement une question d'investissements et de grands travaux. La période « facile » du décollage chinois est terminée et la mécanique pourrait se gripper au premier obstacle. La Chine tiendra-t-elle assez longtemps pour donner aux économies occidentales le répit nécessaire ? C'est là une des principales conditions de la sortie de la crise de 2008.

Les nouvelles technologies, la Chine et les pays émergents, le risque est grand que, comme la cavalerie dans les westerns, ils arrivent trop tard ou pas du tout.

Ceci nous ramène donc à nos propres dynamiques internes, à la capacité des économies occidentales de sortir de la spirale infernale des déficits et de la dette. Sur le plan technique, la seule potion que nous offre l'histoire des crises précédentes est celle de l'inflation.

Celle-ci peut être désordonnée ou bien plus ou moins organisée en recourant à ce que l'on appelle pudiquement une restructuration des dettes mais qui revient en fait à un abandon de créances. Au vu de la montagne de dettes publiques existantes, il faudra mettre en œuvre l'une et l'autre solution. Les principales victimes en seront les détenteurs de capital et probablement surtout les classes moyennes comme ce fut toujours le cas par le passé. À la différence de la rigueur déflationniste pratiquée en Europe en 2013 et qui pèse presque exclusivement sur le travail, l'inflation est plus «juste» et représente au fond un partage et une répartition intergénérationnelle plus équitables du fardeau de la dette.

Mais il faudra aussi s'attaquer au cœur du problème, c'est-à-dire le poids des dépenses publiques dans l'économie et l'évidence de leur efficacité décroissante. Dans chaque pays touché par la crise, un tel débat devra avoir lieu en tenant compte de ses spécificités: la solution allemande (en fait antérieure à la crise) n'est transportable en l'état ni en Grèce ni même en France... Le modèle suédois n'a rien de commun avec celui des États-Unis. En 1929, on pouvait mettre en œuvre des solutions radicales. En 1974, on pouvait encore les imaginer. En 2008, elles ne sont plus à l'ordre du jour dans les vieilles social-démocraties qui peinent à dégager de véritables consensus politiques. Il faudra pourtant bien y venir, ce qui se traduira par l'abandon de nombre d'avantages acquis plus ou moins justifiés.

Et puis un projet – quel qu'il soit – doit être porté : un Roosevelt, un Mussolini, une Margaret Thatcher surent imprimer leurs marques et faire rêver leurs concitoyens. Barack Obama en a été incapable, tout comme Nicolas Sarkozy et la plupart des autres dirigeants européens et nippons. Ils ont cru que des plans de relance et des taux zéro suffiraient. Mieux que d'autres, Nicolas Sarkozy a intuitivement compris au cœur de la crise, au second semestre 2008, que la solution devrait passer par une véritable concertation internationale. Malheureusement, comme à Londres en 1933, à la CNUCED et aux Nations unies dans les années 1970, le G20 n'a pu déboucher sur rien de concret. Nos trois crises ont été mondiales, mais aucune d'entre elles n'a permis de faire progresser la gouvernance internationale. Certes en 2008, il n'y a pas eu de montée perceptible du protectionnisme quoique les négociations du Doha Round de l'OMC soient toujours en panne. Mais pour le reste, c'est bien le « chacun-pour-soi » qui sévit, avec un véritable isolationnisme américain, une Europe déchirée, un Japon satellisé par la Chine...

Manque de projets donc, notamment pour traiter la dimension morale de la crise : la montée des inégalités ne se résout pas seulement avec l'alourdissement des impôts ; la fracture sociale n'est pas uniquement liée à l'augmentation du chômage. La crise est aussi celle d'une société technicienne qui doit réinventer les rapports non pas entre les pions économiques, mais entre les hommes.

Une des meilleures réponses est venue d'un philosophe et théologien, le pape Benoît XVI. Le message s'inscrit certes dans la continuité de la doctrine sociale de l'Église catholique, mais sa portée est universelle tant la logique du don s'inscrit au cœur de la plupart des autres spiritualités, à commencer par l'Islam. Ce que le marché ne peut faire (distinguer le juste de l'injuste), ce que l'État n'a plus les moyens de faire, et pas seulement pour des raison budgétaires et financières, n'est-ce pas à l'individu de le réinventer, de se l'approprier dans l'espace social avec la « grâce du don », symbole de l'amour du prochain ? Ce pourrait être là une véritable sortie par le haut de la crise pour nos vieilles sociétés qui n'ont plus grand-chose à attendre des miracles économiques.

CHAPITRE VII

De la France...

Les trois crises du monde contemporain ont été mondiales ou au moins occidentales. Chaque pays les a déclinées de manière différente suivant ses particularités tant économiques que sociales et culturelles. En particulier les capacités à réagir, à se remettre en question, à rebondir, ont beaucoup évolué à la fois dans l'espace et dans le temps. Aux réformes brutales des années 1930 ont succédé de molles inflexions au XXIe siècle : les barques de plus en plus lourdes virent mal dans le gros temps. Il en est de même des sociétés. Cela étant, certaines négocient mieux leurs virements de bord que d'autres, acceptent plus facilement les cures d'austérité, savent mieux écouter les avis médicaux et les mettre en pratique. Il y a bien sûr parfois des hommes providentiels mais seuls, ils ne peuvent rien : ils sont le fruit d'un moment de crise, de la rencontre entre une aspiration populaire et la volonté d'un homme. Parmi les remèdes à la crise de 1929 aux États-Unis, il n'y avait guère de différence entre Hoover et Roosevelt. Mais Roosevelt arriva au pouvoir au bon moment – le creux de la crise – et fut capable d'agir vite dans l'euphorie des « cent jours ». Dans une bien moindre mesure, il en fut de même, plus tard, pour Léon Blum en 1936... Mais la France, de tous les pays avancées, est celui dont le rapport aux crises a été – et reste – le plus ambigu tant est grande l'originalité de ce que nous appelons le « modèle français ».

Mais avant que d'en évoquer les principales caractéristiques, revenons sur nos trois crises vues du côté français.

Les premiers mois de la crise de 1929 affectèrent relativement peu une France qui apparaissait au contraire fort solide, au cœur du « Bloc Or » qu'avait consolidé Poincaré. La crise économique ne toucha la France qu'en 1931: la production industrielle diminua de 10% sur les neuf premiers mois de l'année. Néanmoins la France vécut longtemps dans l'illusion d'être épargnée par la crise. En août 1931, la Banque de France se porta même au secours de la Banque d'Angleterre. Un journaliste du *Figaro* écrivait ainsi en octobre 1931: « Félicitons-nous de notre économie timide et prospère en face de l'économie présomptueuse et décadente des races anglo-saxonnes » (cité par Alfred Sauvy). Pour la France, le point bas fut atteint au printemps 1932. Dans un contexte politique marqué par une extrême instabilité ministérielle et des scandales comme l'affaire Stavisky début 1934, les gouvernements qui se succédèrent se limitèrent à mettre en place des politiques déflationnistes : réduction des salaires des fonctionnaires, de la production de vin... jusqu'à la célèbre déflation de Laval en 1935 et la diminution de 10 % des dépenses publiques, des prix et des loyers assortie d'augmentation des impôts. Le résultat en fut désastreux sur le plan économique et précipita l'arrivée au pouvoir du Front populaire, qui profita du soutien du parti communiste aux ordres des autorités soviétiques.

Assez logiquement, l'objectif du Front populaire était de « s'arracher à la domination de la grande féodalité financière ». En quelques mois, soutenu par un mouvement de grèves spontanées, le gouvernement de Léon Blum mit un terme à l'immobilisme économique et social des gouvernements précédents et instaura la semaine de 40 heures (et donc de cinq jours), les congés payés, la nationalisation de la Banque de France et des chemins de fer, la dévaluation du franc. Cela arriva malheureusement trop tard et perturba peut-être la préparation de la France au conflit qui se profilait.

Pour la France, la crise de 1929 connut son épilogue dans «l'étrange défaite» de juin 1940.

En 1973, la croissance française atteignit le niveau exceptionnel de 5,3%. Ce fut là le point d'orgue des Trente Glorieuses (qui n'avaient vraiment commencé qu'en 1946). En 1975, la croissance fut négative de − 0,3% avant un rebond à 4,2% en 1976. En fait, la France est un des pays où la crise de 1974 fut la plus douce. De 1974 à 1980, la croissance économique française fut de 2,6% par an, identique à celle du Japon, devant l'Allemagne occidentale (2,2%), les États-Unis (2%) et surtout le Royaume-Uni (1%). Il faut dire qu'après deux années de durcissement des politiques monétaire et budgétaire ainsi que de lutte contre l'inflation, Raymond Barre, Premier ministre à partir de l'été 1976, avait su mener une politique d'expansion contracyclique en laissant filer l'inflation (109% entre 1974 et 1980), politique qui avait incontestablement porté ses fruits avant que le deuxième choc pétrolier ne ramène la croissance autour de 1%. La mise en œuvre du Programme commun de la gauche en 1981 n'eut pas les effets escomptés en termes de croissance (0,7% en 1983) même si elle contribua à alourdir un peu plus le taux des prélèvements obligatoires (43,6% du PIB en 1983), une constante en France, partagée aussi bien par la gauche que par la droite, sur laquelle nous reviendrons.

Si du point de vue économique, la crise de 1974 fut relativement bénigne pour la France, ce ne fut pas le cas en termes politiques et sociaux. C'est en France, en effet, que le mouvement de contestation qui précéda la crise atteignit son paroxysme avec les « événements » de Mai 68. Les « soixante-huitards » trouvèrent quelque satisfaction à assister aux convulsions de ce monde qu'ils avaient tant critiqué et dont ils contribuèrent à déstabiliser nombre d'institutions, à commencer par l'Université. Pourtant ils appartenaient à la dernière génération à avoir connu le plein emploi : en 1973, le taux de chômage était de 5,9 %, en 1987 de 10,5 %. De tous les pays occidentaux, la France enregistra sur le front de l'emploi les pires résultats.

Il est difficile de dater précisément la fin de la « crise de 1974 » pour un pays comme la France. Un très net virage libéral fut amorcé en 1983 et renforcé encore en 1986. Vers la fin des années 1980, on pouvait considérer que le temps de la crise était passé même si le chômage et les prélèvements publics se maintenaient à des niveaux élevés.

Au début de 2008 encore, la France ne se sentait guère concernée par les crises financières qui secouaient le monde anglo-saxon (comme en 1929...). Au pire, l'affaire Kerviel qui ébranla la Société Générale en janvier 2008 prêtait à sourire. La croissance économique était bien là et l'économie créait des emplois. Le choc n'en fut que plus grand lorsque la tourmente économique balaya le monde et l'Europe au cours des derniers mois de 2008. Reconnaissons que les autorités françaises – Nicolas Sarkozy en tête – qui présidaient l'Europe en ce second semestre prirent rapidement la mesure de la crise et surent agir dans l'urgence tant au plan international (G20) qu'européen. Bien sûr la France entra en récession, mais celle-ci fut la plus faible de tous les pays de l'OCDE, deux fois moins forte que celle qui affecta l'Allemagne. Il y eut bien quelques problèmes bancaires, mais rien de comparable aux faillites qui touchaient le Royaume-Uni et même l'Allemagne. Bien sûr les déficits publics augmentèrent, mais la situation était identique dans toute l'Europe et Maastricht fut allègrement jeté aux orties dans un retour unanime au keynésianisme salvateur. En 2009, les Français pouvaient même avoir l'impression de vivre sur un petit nuage, comme en témoigne l'évolution du moral des ménages que suit l'INSEE : le point le plus bas de la courbe est atteint en juin 2008 et ceci pendant plus de dix-huit mois ; alors que la crise se déchaîne dans le monde, le moral des Français ne cesse de s'améliorer : être heureux n'est-ce pas savoir que ses voisins ne le sont pas...

Le retour sur terre intervint au printemps 2011. La France se rapprochait de la croissance zéro et l'économie recommençait à détruire des emplois alors que l'Europe peinait à trouver des solutions aux problèmes de ses maillons les plus faibles, l'Irlande et la Grèce. Moins spectaculaire qu'en 2008-2009, le ralentissement économique, qui touche la France depuis le deuxième trimestre 2011, se poursuivra au moins jusqu'à l'été 2013, avec donc une croissance pratiquement nulle pendant deux ans. Difficile dans de pareilles conditions de tenir les promesses électorales, qu'il s'agisse des dernières mesures d'un gouvernement en fin de mandat ou des premières d'une nouvelle présidence sans véritables marges de manœuvre si ce n'est des politiques de rigueur impliquant la hausse des prélèvements publics, ceci ne manquant pas de soulever les protestations tant des « riches » que des « indignés ». Début 2013, même si la récession économique est plus forte en Espagne et en Italie, la France apparaît à raison comme un des maillons les plus faibles de l'édifice européen tant la crise a mis à nu les faiblesses d'un modèle longtemps considéré comme une glorieuse exception.

Que retenir de ces trois crises en ce qui concerne la France? Chaque fois, la crise y fut moins aiguë, mais aussi beaucoup plus longue. En 1930, en 1975 et en 2009, le même sentiment d'impunité sévit: la crise concernait avant tout l'univers du capitalisme « anglo-saxon » et la France n'était touchée que de manière indirecte. Ce déni de réalité, sensible aussi bien dans la population que dans les sphères dirigeantes, explique en grande partie la difficulté à sortir des sentiers battus des politiques économiques : déflation et rigueur dans un premier temps, dérive budgétaire ensuite. Il explique aussi la lenteur à réaliser les réformes nécessaires ou les grandes inflexions politiques qui souvent n'interviennent qu'après de longues périodes conflictuelles.

C'est que la France présente un modèle de société original, aux antipodes tant du modèle anglo-saxon que du modèle rhénan, brillamment analysés par Michel Albert dans son livre *Capitalisme contre capitalisme*. La France est en effet une société marquée par l'absence totale de confiance entre les individus et donc par le recours systématique à l'intermédiation d'un État dont la constitution centralisée remonte aux débuts de l'État capétien sous Philippe Le Bel et s'est poursuivie avec constance au fil des siècles de Louis XIV aux Jacobins, de Napoléon à de Gaulle. De sa culture catholique romaine, la France a hérité aussi d'une méfiance innée à l'encontre de l'économie de marché, et de l'argent au sens large, renforçant un peu plus le besoin d'une intervention publique.

Chacune des crises du XXe siècle a marqué une progression supplémentaire dans la construction de ce modèle français, du Front populaire à Vichy, des

Trente Glorieuses au Programme commun de 1981 : omniprésence de l'État, faiblesse quasi institutionnelle des corps intermédiaires, centralisation extrême de la gestion des grands «services publics», capitalisme d'État... Longtemps ce modèle fit preuve d'une étonnante efficacité au point que certains esprits malicieux pouvaient avancer l'idée que la France était le seul exemple d'un modèle soviétique réussi ! En effet qu'il s'agisse des grands services publics (éducation, santé), des projets industriels (TGV, aéronautique, spatial), du succès même des entreprises «mondiales» passées par le giron de l'État (une bonne moitié du CAC 40 aujourd'hui), force est de constater que ce modèle, qui connut son apogée entre de Gaulle et Mitterrand, fit preuve d'une remarquable efficacité tant économique que sociale. Ceci explique que les crises aient pu glisser sur la France de manière beaucoup plus indolore qu'ailleurs.

C'est néanmoins la crise de 1974 et ses suites qui provoquèrent le début du déclin du modèle français : les grandes institutions qui en étaient la colonne vertébrale se trouvèrent alors remises en cause et avec elles la notion même de service public : en même temps que se détérioraient tant l'image que les conditions de vie de nombre de fonctionnaires – à l'image des enseignants, les anciens «hussards noirs de la République» désormais prolétarisés –, les élites se détournaient du service de l'État et l'abandonnaient au lendemain même des concours les plus prestigieux, de Polytechnique à l'ENA. Au hasard de la décentralisation, l'État lui-même se démultipliait en de nouveaux monstres bureaucratiques avec pour résultat une progression régulière et presque inexorable des dépenses publiques, toutes alternances politiques confondues.

Il n'a pas manqué de bons esprits et même de politiques courageux pour constater les blocages de ce modèle français, pour estimer que la « France de l'égalité » était de moins en moins une « France de l'équité », mais une France à deux vitesses frappée par l'exclusion, même en ses points forts traditionnels comme l'éducation ou la santé. Mais au-delà de rapports souvent pertinents, l'incapacité à réformer à froid a été patente. C'est que les mentalités ont peu évolué : moins efficace, plus limité dans son action par l'Europe et le monde, l'État n'en reste pas moins en France la référence suprême : ainsi a-t-on pu parler encore en 2012 de nationalisation de la sidérurgie et séduire avec cela une majorité de l'électorat de la droite à la gauche.

Alors que l'Allemagne avait profité de l'embellie du début des années 2000 pour réformer en profondeur son modèle social, rien de tel n'a eu lieu en France et la crise a provoqué une véritable paralysie institutionnelle tant à droite qu'à gauche. Début 2013, le temps du déni est passé mais on en est encore à chercher des responsables, des riches et de leur argent à l'Europe et sa rigueur.

Comme dans les années 1930 et 1980, il y a donc de fortes chances pour que la France soit la bonne dernière à sortir de la crise de 2008. Par son efficacité passée, par sa dimension symbolique, par l'infantilisation des acteurs économiques et sociaux qu'il a suscitée, la réforme du modèle français, à bout de souffle même s'il fait encore illusion, sera longue et difficile. Mais au moins la crise de 2008 aura-t-elle permis d'en prendre conscience.

Fin de l'histoire, fin de la crise

Au lendemain de la crise de 1974, alors que la nouvelle économie symbolisait le triomphe de l'Occident et que s'effondrait le communisme soviétique, le philosophe américain Francis Fukuyama écrivit un essai fort remarqué et discuté. Dans *La Fin de l'histoire et le Dernier Homme*, il se livrait à une relecture hégélienne de l'évolution de l'humanité. À la « fin de l'histoire », les hommes auraient trouvé avec l'équivalent des démocraties de marché une sorte de système politique idéal au-delà duquel on ne pourrait plus aller. La longue course de l'histoire des hommes se terminerait. Ce serait bien sûr aussi la « fin des crises ».

Quelques années après sa publication, la thèse de Fukuyama fut quelque peu contredite par l'attentat du 11 septembre. Dans le champ économique, la crise de 2008 lui apporta aussi un cruel démenti.

Les économistes, avec tous leurs modèles, peuvent « savoir », mais leur capacité à « comprendre » demeure limitée, tant les hommes demeurent irrationnels dans leurs comportements quotidiens. Les crises avec leur cortège de misère sont là aussi pour nous rappeler la sagesse.

En exergue de ce livre, nous avons placé une citation de l'Ancien Testament. Le Seigneur envoie le prophète Ézéchiel aux princes des villes de Tyr et de Sidon en Phénicie. Les Phéniciens étaient le grand peuple marin et marchand de l'époque. Les marchandises arrivaient par caravane de l'Arabie et même de l'Inde et leurs navires les transportaient dans toute la Méditerranée (Carthage fut un comptoir phénicien). La prospérité de ces villes faisait rêver le petit peuple de nomades et de pasteurs d'Israël. La suffisance des Phéniciens (comme celle des financiers de Wall Street) les amena à se prendre pour des dieux : « Sous la main de ceux qui te transperceront, tu seras un homme et non un dieu. » Dans le fracas des marchés de 1929, de 1974 et encore de 2008, l'« *homo economicus* » découvre ainsi l'humilité et peut-être un peu la sagesse. C'est à cela aussi que servent les crises : à faire tomber les murailles. Il est temps de reconstruire, jamais à l'identique. Mais ne considérer les crises que sous leur angle économique aboutit à une véritable impasse. Le fracas de l'économie occulte la réalité des tensions morales et sociales. La crise économique n'est au fond que « le vain bruit à l'entrée du silence du vrai conflit » (l'expression est de Rainer Maria Rilke qui parlait du rôle du tiers l'action théâtrale, mais le monde en temps de crise n'est-il pas un immense théâtre). En 1929 comme en 1974, les crises économiques ne furent que la phase aiguë de maux plus profonds qui conduisirent à une véritable remise en cause des modèles de société dominants : on rêva alors de révolutions, on en fit certaines... On ne peut résumer ces crises à de simples virages de politiques économiques, à un peu plus d'État ou à un peu plus de libéralisme. L'euphorie qui précède les crises donne souvent l'illusion du bonheur, mais le seul bonheur économique ne peut suffire. Au lendemain de la crise de 1974, on oublia trop vite les questions de sens au profit d'une « nouvelle économie » au caractère quasi miraculeux. La crise de 2008 a balayé une partie du miracle et il n'est pas étonnant que refassent surface dans un pays comme la France les mêmes interrogations, les mêmes doutes qu'à la fin des années 1960. Sortir de la crise, pour des sociétés avancées comme les nôtres, ne peut se réduire à la seule reprise de la course en avant d'une croissance de plus en plus contrainte par la montée en puissance des pays émergents. C'est au contraire peut-être la dernière occasion qui nous est offerte de retrouver dans nos sociétés un sens de la communauté fondé sur autre chose que d'impitoyables rapports marchands ou sur l'omnipotence de l'État. C'est, au fond, de cette confrontation stérile qu'il faut s'indigner. La crise met ainsi en lumière nos pauvretés certes économiques, mais surtout morales et même spirituelles. À nous de les dépasser pour entrer dans la grande espérance des hommes.

Urrugne
Janvier 2013

TABLE

CHAPITRE I
1929 ou la grande dépression 13

CHAPITRE II
1974 ou la grande illusion 25

CHAPITRE III
2008 ou la grande interrogation 37

CHAPITRE IV
Recettes de crise 47

CHAPITRE V
Sorties de crise 57

CHAPITRE VI
Leçons finales de crises 67

CHAPITRE VII
De la France.... 77

Fin de l'histoire, fin de la crise 89

Du même auteur

L'Agro-alimentaire, PUF, 1980.

Les Marchés mondiaux des matières premières, PUF, 1984.

Négociants et chargeurs, Economica, 2ᵉ éd., 1983.

Tate and Lyle, Economica, 1983.

Les Assurances mutuelles agricoles, Economica, 1987.

Chroniques pour servir à l'histoire économique de la fin du XXᵉ siècle, Economica, 1999.

Le Marché, éloge et réfutations, Economica, 2000.

La France au XXᵉ siècle, ADHE, 2001.

Le Siècle de toutes les espérances, Belin, 2005.

Perspectives agricoles en France et en Europe, rapport du CAE, La Documentation française, 2007.

Le Making of de l'économie, Perrin, 2007.

Le Poivre et l'Or noir, François Bourin Éditeur, 2007.

Des épices à l'or noir, François Bourin Éditeur, 2008.

Le Monde a faim, François Bourin Éditeur, 2009.

Du rare à l'infini. Panorama mondial des déchets, Economica, 2ᵉ éd., 2009.

Demain, j'ai 60 ans, François Bourin Éditeur, 2011.

Achevé d'imprimer sur rotative
par l'imprimerie Darantiere à Dijon-Quetigny
en mars 2013

N° d'impression : 13-0247
Dépôt légal : mars 2013

Imprimé en France

ISBN : 978-2-84941-373-9
752 497.8